아이네이아스는 카르타고의
여왕 디도를 만났어요. 디도는
아이네이아스를 사랑하게 되지요.
아이네이아스도 디도에게 점점 마음이 끌려요.
두 사람의 사랑은 이루어질까요?

원작 토머스 불핀치
미국에서 태어나 하버드대학교를 졸업했습니다. '그리스 로마 신화를 모르면 유럽 문화의 대부분을 이해할 수 없다.'라고 하면서 신화·전설·민담 등을 연구하여 많은 책을 썼습니다. 그중 〈전설의 시대〉는 신화 분야의 가장 권위 있는 책으로 평가받고 있습니다.
쓴 책으로는 〈기사도의 시대〉, 〈샤를마뉴의 전설〉, 〈신화의 시대, 그리스 로마 신화〉, 〈원탁의 기사〉 등이 있습니다.

엮은이 이현미
스무 살이 넘어 처음 동화책을 읽고는 "이렇게 멋진 세상이 있다니!" 하며 놀랐습니다. 꼬부랑 할머니가 돼서도 좋은 글을 쓰는 게 꿈입니다. 쓴 책으로는 〈하늘에 새긴 이름 하나〉, 〈승찬아 사랑해!〉, 〈친구야 넌 어떤 행복을 꿈꾸니?〉 등이 있습니다.

그린이 조은애
프리랜서 일러스트레이터로 활동하고 있으며, '구름사다리' 회원입니다. 어린이들을 위한 정감 넘치는 책에 그림을 그리고 있습니다. 그린 책으로는 〈우리 몸 이야기〉, 〈배꼽으로 밥 먹었어〉, 〈방정환〉, 〈딸기를 찾아라〉, 〈둥근 세계를 여행하다〉, 〈로봇〉 등이 있습니다.

아이네이아스와 디도

총기획 및 발행인 박연환
발 행 처 한국톨스토이
출판등록 제406-2008-000061호
연구개발원 경기도 성남시 분당구 금곡동 444-148
대표전화 (031)715-7722
팩 스 (031)786-1100
본 사 경기도 파주시 교하읍 문발리 513-1 출판문화정보단지
대표전화 (02)470-7722
팩 스 (02)470-8338
고객문의 080-715-7722
기 획 임미옥, 백영민
편 집 박형희, 지수진, 최영란
디 자 인 조수진, 우지영, 성지현, 한지희

ⓒ Korea Tolstoi

이 책의 저작권은 **한국톨스토이**에 있습니다. 본사의 동의나 허락 없이는 어떠한 방법으로도 내용이나 그림을 사용할 수 없습니다.

△ 주의 : 본 교재를 던지거나 떨어뜨리면 다칠 우려가 있으니 주의하십시오.
　　　　 고온 다습한 장소나 직사광선이 닿는 장소에는 보관을 피해 주십시오.

지식 통통 그리스·로마 신화 56

아이네이아스와 디도

엮은이 이현미 | 그린이 조은애

한국톨스토이

등장인물

아이네이아스가 도착한 카르타고에는 디도라는 여왕이 살고 있었어요. 에로스에게 금 화살을 맞은 디도는 아이네이아스를 사랑하게 되지요. 하지만 아이네이아스가 제우스의 명령으로 어쩔 수 없이 떠나자, 디도는 스스로 목숨을 끊는답니다.

양털을 얻기 위해 추장에게 바친 황금 술잔

디도가 카르타고 땅을 얻는 데 사용한 황소 가죽

디도

티로스의 왕 벨로스의 딸이자 카르타고의 여왕이에요. 에로스의 금 화살을 맞고 아이네이아스를 사랑하게 되지만, 아이네이아스가 떠나자 스스로 목숨을 끊어요.

아이네이아스

트로이가 전쟁에서 진 뒤,
새로운 나라를 세우기 위해
여기저기 떠돌던 중 디도를 만나
사랑을 하게 돼요. 제우스의
명령으로 어쩔 수 없이
디도를 떠나게 되지요.

에로스

아프로디테의 아들이자
사랑의 신이에요.
디도에게 금 화살을 쏘아
아이네이아스를
사랑하게 만들어요.

아프로디테

아름다움과 사랑의 여신이자
아이네이아스의 어머니예요.
아이네이아스가
새 나라를 세울 수 있도록
도와줘요.

안나

티로스의 왕 벨로스의
딸이자 디도의 여동생이에요.
디도와 늘 함께하지요.

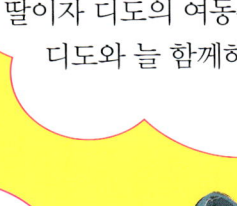

헤르메스

제우스의 아들이자 신들의
심부름을 하는 전령의
신이에요. 제우스의 명령을
아이네이아스에게 전해요.

아이네이아스 일행이 도착한 카르타고는
디도라는 여왕이 다스리고 있었어요.
원래 디도는 티로스의 공주였어요.
디도는 이름난 부자인 시카이오스와 결혼했는데,
아버지가 죽고 왕위에 오른 오빠가
재산을 노리고 디도의 남편을 죽였어요.
"이제 오빠가 나까지 죽이려고 들 거야!"
디도는 남편의 재산을 여러 척의 배에 싣고
백성들과 함께 티로스를 빠져나왔답니다.

흑흑, 오빠가 나까지 죽일지도 몰라….

카르타고에 도착한 디도는 그곳 추장에게
황금 술잔을 건네며 말했어요.
"추장님, 황소 한 마리 가죽으로 두를 만한
땅이라도 좋으니, 좀 나누어 주십시오."
추장이 흔쾌히 허락하자, 디도는 황소 가죽을
머리카락처럼 가늘게 잘라 한 줄로 이었어요.
그러고는 기름진 땅에 그 끈을 둘렀지요.
그곳에 크고 화려한 도시 카르타고를 세웠어요.

▲ 피에트로 다 코르토나가 그린 〈아이네이아스에게 사냥꾼으로 나타난 아프로디테〉

트로이 사람들이 카르타고 해안에 도착하자,
아프로디테 여신은 예쁜 여자 사냥꾼으로
변장을 하고 일부러 아이네이아스 앞을 지나갔어요.
"아가씨! 제가 서 있는 곳이 어디입니까?"
"여긴 카르타고예요. 언덕을 내려가면
디도 여왕이 사는 궁전이 나오죠.
도움이 필요하면 궁전으로 가 보세요."
아프로디테는 본래의 모습으로 변해 하늘로 올라갔어요.

아프로디테는 아들 아이네이아스가
카르타고에 머무는 동안 편하게 지내기를 바랐어요.
그래서 에로스를 불러 귓가에 속삭였지요.
"디도가 아이네이아스를 사랑하게 만들어라."
아이네이아스가 디도를 찾아간 순간,
에로스는 사랑의 금 화살을 디도에게 쏘았어요.
디도는 한눈에 아이네이아스를
사랑하게 되었지요.

디도는 아이네이아스와 눈길이 마주치자 어쩔 줄을 몰랐어요.
'왜 이렇게 얼굴이 달아오르고 가슴이 쿵쿵 뛰지?'
디도는 아이네이아스를 환영하는 뜻으로 성대한 잔치를 열어 주었어요.
잔치는 밤늦도록 계속되었지요.
다음 날, 디도는 아이네이아스에게 카르타고를 여기저기 구경시켜 주었어요.
두 사람은 많은 이야기를 나누었어요.

그러던 어느 날 밤, 디도는 동생 안나를 찾아갔어요.
"죽은 남편만을 생각하며 살기로 맹세했는데,
아이네이아스를 본 순간 사랑이 불같이 타올라
마음을 걷잡을 수가 없어! 이 일을 어쩌면 좋지?"
안나가 디도의 마음을 알고 말했어요.
"언니, 그를 붙잡아요. 이웃 나라들이 호시탐탐
카르타고를 노리고 있는데, 트로이 군과 힘을 합치면
그 어느 때보다 강한 나라가 될 거예요."

다음 날, 사냥이 벌어졌어요.
디도와 아이네이아스는 활 솜씨가 뛰어나
활을 쏘는 족족 짐승을 맞혔지요.
"디도 여왕님 만세! 아이네이아스 님 만세!"
모두가 기뻐하고 있을 때, 갑자기 하늘이 어두워지면서
비가 후드득 쏟아지기 시작했어요.
사람들은 비를 피해 뿔뿔이 흩어졌지요.

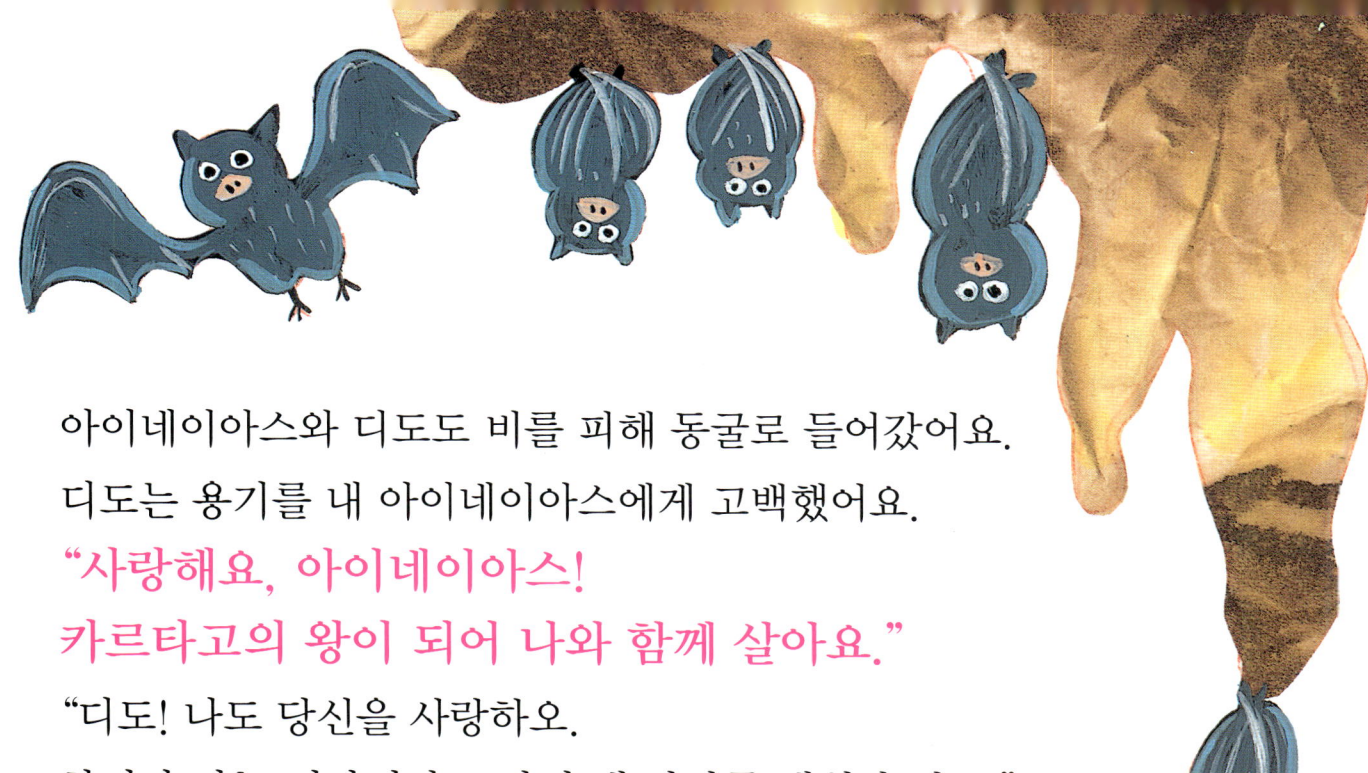

아이네이아스와 디도도 비를 피해 동굴로 들어갔어요.
디도는 용기를 내 아이네이아스에게 고백했어요.
**"사랑해요, 아이네이아스!
카르타고의 왕이 되어 나와 함께 살아요."**
"디도! 나도 당신을 사랑하오.
하지만 나는 이탈리아로 가서 새 나라를 세워야 하오."
"카르타고를 당신의 나라로 생각하면 안 되나요?"
"디도, 나에게 좀 더 생각할 시간을 주시오."

▲ 피에르 게랭이 그린 〈디도와 아이네이아스〉

시간이 흐를수록 아이네이아스의 마음도
디도를 향했어요.
'이 고달픈 방황을 끝내고 디도와 살면 안 될까?
디도와 결혼하면 왕국이 생기는데…….'
아이네이아스는 점점 모든 것을 잊어버렸어요.
자신의 조국 트로이와 죽은 아내 그리고 아버지,
그렇게나 원했던 새로운 나라도요.
그 모습을 본 제우스가 헤르메스에게 명령했어요.
"아이네이아스에게 카르타고를 떠나라고 전해라!"

아이네이아스가 디도와 결혼하기로 마음먹은 순간 헤르메스가 나타났어요.
"아이네이아스! 왜 이렇게 꾸물거리는 거야? 제우스 님이 당장 이탈리아로 가서 새 나라를 세우라고 하셨다."
아이네이아스는 그제야 정신이 들었어요.
부하를 불러 출항 준비를 하라고 지시했지요.
"아무도, 디도 여왕도 모르게 조용히 준비하라."

저를 버리고 떠나실 건가요?

그러나 결국 디도도 모든 걸 알게 되었어요.
"아이네이아스! 제발 나를 두고 가지 말아요."
"디도, 나도 여기서 행복하게 살고 싶지만,
제우스 님의 명령을 어길 수는 없소."
"나는 당신 없이 한순간도 못 살아요.
그래도 나를 떠날 건가요?"
"미안하오."
디도는 그 자리에 풀썩 쓰러지고 말았어요.

디도의 간절한 부탁에도 결국 아이네이아스는
카르타고를 떠나고 말았어요.
이 소식을 들은 디도가 동생 안나를 불렀어요.
"안나야, 안뜰에 장작을 쌓아 줘."
디도는 아이네이아스가 준 단검이며
그가 두고 간 옷을 들고 장작더미 위로 올라갔어요.
그러고는 안나에게 말했지요.
"불을 붙이렴. 아이네이아스가 남긴 것들을
모두 다 태우고, 내 마음도 태울 거야.
불이 붙어야 안심하고 내려갈 수 있겠어."

디도의 부탁을 받은 안나는 장작에 불을 붙였어요.
그런데 불길이 점점 거세지는데도
디도는 꿈쩍도 안 하고 앉아 있었어요.
"나를 떠난 아이네이아스를 저주하노라!"
디도는 아이네이아스가 준 칼을 번쩍 들어
에로스의 화살이 박혔던 가슴에 꽂았지요.
그 순간 시커먼 불길이 디도를 집어삼켰어요.

앗, 여왕님!

아이네이아스가 탄 배는 카르타고 해안에서
점점 멀어져 가고 있었어요.
아이네이아스는 배 뒤쪽으로 걸어가
카르타고를 뚫어져라 쳐다보고 있었지요.
그때 시커먼 연기를 내뿜으며
피어오르는 불길이 보였어요.
'저 불길은 뭐지? 왕궁에서 피어오르는 것 같은데…….'
아이네이아스는 왠지 불길한 생각을 떨칠 수 없었어요.

신화 X-파일

카르타고의 전설적인 여왕 디도

디도는 고향을 떠나 새로운 나라 카르타고를 세우고 여왕이 되었어요. 바다를 떠돌던 트로이의 장군 아이네이아스를 만난 디도! 디도는 아이네이아스를 깊이 사랑하게 되지만, 슬프게도 죽음을 맞게 돼요. 디도의 슬픈 사랑에 얽힌 이야기를 알아볼까요?

🌸 카르타고를 건설한 여왕, 디도

디도는 카르타고의 창건자이자 첫 여왕이에요. '디도'라는 이름은 '방랑자' 또는 '집시'를 뜻해요.

디도는 남편이 죽은 뒤 고향을 떠나 아프리카의 북부 튀니지 해안에 도착했어요. 그곳에서 원주민들에게 땅을 얻어 그 땅에 성을 쌓고 '카르타고'라는 나라를 세웠지요. '카르타고'라는 이름에는 '새로운 도시'라는 뜻이 담겨있어요. 이 도시의 주민들은 로마 사람들에게 포에니 사람으로 알려졌어요. '포에니'는 '페니케스(페니키아 사람)'에서 유래한 말이랍니다.

▲ 윌리엄 터너가 그린 〈카르타고의 건설〉

(터너가 가장 아끼는 그림이었대.)

🌸 오페라 '디도와 에네아스'

▲ '디도와 에네아스'를 만든 영국의 작곡가 헨리 퍼셀

(이 작품에서 합창 부분은 영국 오페라에서 으뜸으로 평가되고 있지.)

17세기 영국의 위대한 작곡가이자 궁정 음악가인 헨리 퍼셀은 오페라 '디도와 에네아스'를 만들었어요. '에네아스'는 그리스 이름인 '아이네이아스'의 영어 이름이에요.

'디도와 에네아스'는 트로이 전쟁 이후 카르타고의 전설적인 여왕 디도와 트로이의 마지막 장군 아이네이아스의 이야기를 노래한 것이지요.

첫 번째 악장에는 아이네이아스가 등장하고, 두 번째 악장은 디도가 마법사들과 함께 동굴에 있는 장면이에요. 마지막 세 번째 악장은 항해사들과 마법사, 디도와 아이네이아스를 따르는 사람들에 대한 이야기이지요.

🌸 디도의 저주, 포에니 전쟁

아이네이아스가 카르타고를 떠나자, 그를 사랑한 카르타고의 여왕 디도는 스스로 목숨을 끊으며 말했어요.
"아이네이아스를 저주하리라! 두 자손은 영원히 전쟁하리라!"
아이네이아스는 이탈리아 반도로 갔고, 그의 후손인 로물루스와 레무스는 로마를 세웠어요. 천 년 뒤, 카르타고는 지중해의 해상권을 손에 넣고 날로 번창하여 부유한 나라로 성장했지요. 여기에 위협을 느낀 로마는 지중해의 상권을 두고 카르타고와 맞서게 되었고, 100여 년 동안 세 차례에 걸친 '포에니 전쟁'으로 카르타고는 완전히 멸망하고 말았답니다.

▲ 세바스티앙 부르동이 그린 〈디도의 죽음〉

그리스 로마 신화 돋보기

디도는 어떻게 넓은 땅을 차지했을까요?

고향을 떠나 아프리카에 도착한 디도는 원주민들에게 황소 한 마리의 가죽으로 둘러쌀 수 있는 넓이만큼만 땅을 차지하겠다는 허락을 받았어요. 디도는 쇠가죽을 가늘게 잘라 끈으로 만들었어요.
디도는 끈을 어떤 모양으로 둘러 가장 넓은 땅을 차지했을까요?
동그라미 모양으로 둘러 가장 넓은 땅을 차지했답니다. 그것은 같은 길이의 끈을 세모나 네모 모양으로 만들 때보다 동그라미 모양으로 만들 때 가장 넓은 땅이 되기 때문이지요.

최대한 넓은 땅을 차지해야지.